DISSERTATIONS

POUR

ETRE LUES:

par l'abbé coyer

DISSERTATIONS

POUR ETRE LUES:

LA PREMIERE,

SUR LE VIEUX MOT

DE PATRIE:

LA SECONDE,

SUR LA NATURE

DU PEUPLE.

A LA HAYE,
Chez PIERRE GOSSE junior,
Libraire.

M. DCC. LV.

AVERTISSEMENT.

ON donne tous les jours au public des Diſſertations très-ſçavantes que perſonne ne lit. J'ai crû qu'en dépenſant moins en ſcience on gagneroit des lecteurs. Ce but me paroît louable ; car pourquoi écrire ſi ce n'eſt pour inſtruire ? Et comment inſtruire ſi on n'eſt pas lû ? Nous ne ſommes plus dans le ſiécle des Voſſius, des Huets, des Bocharts & des Kirchers. L'érudition, les recherches épineuſes nous fatiguent, & nous aimons mieux courir légérement ſur des ſurfaces, que de nous enfoncer péſanment dans des profondeurs. Comme la roüe des

A iij

sciences tourne auffi . bien que
celle des empires , peut - être
le vieux goût reparoîtra - t - il :
en attendant, foyons ce qu'il faut
être.

J'aurois pû dans la première
Diſſertation *ſur le vieux mot de
Patrie* , en remontant des Romains aux Grecs , des Grecs
aux Phéniciens , des Phéniciens
aux Egyptiens , & des Egyptiens aux ouvriers de la tour de
Babel avant la confuſion des lan-
gues , j'aurois pû trouver la
ſource du mot. Je me ſuis borné
très-ſimplement à en dévelop-
per le ſens , & à montrer quelle
influence il avoit ſur les mœurs,
& ſur le bonheur des nations
qui l'ont bien entendu.

De même dans la ſeconde
Diſſertation *ſur la nature du Peu-*

ple , peut-être ne m'eût-il pas
été impoffible , en pâliffant fur
vingt volumes , de décider en
quel tems & dans quel pays on
a commencé à diftinguer le peuple des honnêtes gens : fi *peuple* vient de *peupler* , ou *peupler* de *peuple*; fi on peut dire,en
confervant les graces de notre
langue , que les honnêtes gens
peuplent , j'aurois pû ajoûter
cent autres chofes auffi fçavan-
tes,je me fuis contenté d'exami-
ner tout bonnement, fi le peuple
eft compofé d'hommes , & s'il
faut le traiter comme tel.

C'eft une route aifée que j'ai
voulu fuivre , en préférant toujours l'uni à l'efcarpé , la plaine
aux montagnes. Je me fuis fou-
venu fort à propos d'une maxime
moderne : *Que le mieux eft fou-*

vent le contraire du bien, & d'une
très-ancienne fentence d'Hé-
fiode, qu'il eft bien des cas *où
une moitié vaut mieux que le
tout.*

Si cette façon de differter ne
fe fait pas lire, je conclurai pour
ma gloire, (car les auteurs n'ont
jamais tort) que le genre differ-
tatif n'eft pas fait pour la France,
du moins pour la génération préfente, & qu'il faut le reléguer
en Allemagne.

DISSERTATION

sur le vieux mot de Patrie.

N reproche à notre langue de s'appauvrir en s'épurant, semblable à un diamant qui perdroit trop à la taille. Le reproche est peut-être fondé. Qu'est-ce que le mot *Patrie* avoit de bas ou de dur, pour le retrancher de la langue? On ne l'entend plus ou presque plus ni dans les campagnes, ni dans les villes, ni dans la province, ni dans la capitale, encore moins

A v

à la cour. Les vieillards l'ont
oublié , les enfans ne l'ont jamais appris. Je le cherche dans
cette foule d'écrivains, qui nous
inſtruiſent de ce que nous ſça-
vons déja , & je ne le trouve
que dans un très-petit nombre
de philoſophes , qui ſe font cui-
raſſés contre les ridicules. Un
galant homme ne l'écrira pas ;
ce feroit bien pis s'il le prononçoit. J'interroge ce citoyen qui
marche toujours armé : Quel
eſt votre emploi ? *Je ſers le
Roi* , me dit-il , pourquoi pas
la *Patrie* ? Le Roi lui-même
eſt fait pour la ſervir. Je parle
gaulois, très-gaulois. Si ce mot,
autrefois ſi uſité , échappe encore , ce n'eſt qu'en peignant les
mœurs anciennes , ou pour dé-
ſigner le lieu où l'on eſt né :

les occasions en sont rares , elles seroient très-fréquentes pour
des citoyens qui sentiroient bien
la valeur du terme,

La révolution des choses n'est
pas plus grande que celle des
mots. Quelle fortune n'avoit pas
fait celui-ci chez les Grecs &
les Romains. Deux nations qui
se piquèrent autant de politesse
dans le langage que dans les
mœurs ? C'étoit un des premiers
mots que les enfans bégayoient,
c'étoit l'ame des conversations &
le cri de guerre ; il embellissoit la
poësie, il échauffoit les orateurs,
il présidoit au sénat , il reten-
tissoit au théâtre, & dans les assemblées du peuple , il étoit
gravé sur les monumens publics.
Rome l'avoit reçû d'Athènes ,
& lui conserva toute sa gloire,

Rome nous l'a transmis *nihil ;* *patria,* patrie. Nos ayeux en firent grand ufage : ces Francs de la première race, tout barbares qu'ils étoient, le prononçoient souvent dans leurs affemblées au champ de Mars ; eh ! quel autre mot y feroit venu plus naturellement, tandis que de concert avec le souverain on faifoit des loix, on décidoit de la paix & de la guerre, on partageoit les dépouilles de l'ennemi, on régloit les contributions, on balançoit tous les intérêts publics ? Les fiécles fuivans l'employèrent avec une ardeur égale. Charlemagne, Charles V. Louis XII. Henri IV. ces pères de la patrie, en écrivoient le mot dans tous les cœurs, & le plaçoient dans toutes les

bouches. Je le retrouve encore
fous Louis XIII. dans les ca-
hiers des derniers états généraux, il s'eft perdu fous le mi-
niftère du cardinal de Riche-
lieu. Il eft étonnant que le fon-
dateur de l'Académie Françoife,
qui devoit aimer les mots éner-
giques, les beaux mots, ait
laiffé périr celui-ci. Colbert étoit
bien fait pour le rétablir, mais
il fe méprit. Il crut que *Royaume*
& *Patrie* fignifioient la même
chofe.

On dit donc aujourd'hui *le*
Royaume, *l'Etat*, *la France*,
& jamais *la Patrie*. Je demande
d'abord lequel de ces quatre termes flate plus l'oreille & le
cœur. *La France* ne préfente à
l'efprit qu'une portion de la terre
divifée en tant de provinces;

arrofée de tant de fleuves. *L'E-
tat* ne dit autre chofe qu'une fociété d'hommes qui vivent fous
un gouvernement quelconque,
heureux ou malheureux. *Royaume* fignifie (je ne dirai pas ce
que difoient ces républicains
outrés, qui firent anciennement
tant de bruit dans le monde par
leurs victoires & leurs vertus)
un tyran & des efclaves ; difons
mieux qu'eux, un Roi & des
Sujets. Mais la *patrie* qui vient
du mot *pater*, exprime un père
& des enfans. C'eft ce mot que
Cicéron, cet orateur fi habile
dans le choix des mots, trou-
voit fi humain, fi tendre, fi
harmonieux qu'il le préféroit à
tout autre, lorfqu'il parloit des
intérêts publics. Cependant notre langue le perd, j'en cher-

che la caufe , je crois la de-
viner. Nous avons oublié l'i-
dée qui fut attachée à ce grand
mot. Tout mot repréfente une
idée : fi l'idée s'affoiblit , fi elle
s'efface , le mot ne vient plus
fe placer fur la langue. Il s'a-
git donc ici de reffufciter l'idée
pour rétablir le mot.

Qu'eft-ce que la patrie ? Je
le demande aux dictionaires de
la langue , & ils me répondent
que *c'eft le pays où l'on a pris
naiffance.* Froide définition ! Un
pays qui n'auroit que ce rapport unique avec fes habitans ,
mériteroit-il le nom de patrie ?
Les Gracques, les Scipions fous
la tyrannie de Caligula , au-
roient-ils regardé Rome comme
leur patrie ? Nos dictionaires
vont plus loin , ils citent des

phrafes où ce terme eft employé, en voici quelques-unes ; *L'a-mour de la patrie eft une paffion rarement fine & ingénieufe. L'a-mour de la patrie eft une fureur qui ne laiffe rien aux mouve-mèns de la nature. La patrie eft une vifion. Les anciens étoient fortement infatués de l'amour de leur patrie.*

Je ne fuis plus furpris qu'un mot qu'on nous donne comme l'expreffion d'une paffion ftupide ou furieufe, comme une vifion, un phantôme ridicule, ait pris congé d'une nation auffi fen-fée que la nôtre, & que nous l'ayons relégué dans les rêve-ries des anciens. Il n'eft pas diffi-cile de répondre à ces contre-fens. *L'amour de la patrie eft une paffion rarement fine & ingénieufe.*

Il eſt bien queſtion de fineſſe
& de bel eſprit quand on parle
de patrie ! Brutus en donnant
une patrie aux Romains n'employa que la ſageſſe & le cou-
rage. *L'amour de la patrie eſt une
fureur qui ne laiſſe rien aux mou-
vemens de la nature* : ce même
Brutus , il eſt vrai , fit couper
la tête à ſes fils : mais cette action
ne paroît dénaturée qu'aux ames
foibles : ſans la mort des deux
traîtres la patrie expiroit au ber-
ceau. *La patrie eſt une viſion.*
Pour qui ? pour ces ames fri-
voles qu'une chanſon amuſe ,
qu'une mode extaſie. *Les anciens étoient infatués de l'amour
de leur patrie.* J'aimerois autant
qu'on me dît que les enfans ſont
infatués de l'amour de leur mère.
Les anciens ne faiſoient point

de dictionaires, mais leurs ou-
vrages en ont fourni la matiére.
Confultons-les & nous appren-
drons le vrai fens du mot *patrie.* Sens magnifique fansdoute,
car on y lit qu'il n'y a rien de
fi aimable, de fi facré que la
patrie ; qu'on fe doit tout entier à elle, qu'il n'eft pas plus
permis de s'en venger que de
fon père, qu'il ne faut avoir
d'amis que les fiens, que de
tous les augures le meilleur eft
de combattre pour elle, qu'il
eft beau, qu'il eft doux de mou-
rir pour la conferver, que le ciel
ne s'ouvre qu'à ceux qui l'ont
fervie. Ainfi parloient les ma-
giftrats, les guerriers & le peuple. Quelle idée fe formoient-
ils donc de la patrie ?

La patrie, difoient-ils, eft

un vaste champ où chacun peut
moissonner selon ses besoins &
son travail. C'est une terre que
tous les habitans sont intéressés
à conserver, que personne ne
veut quitter, parce qu'on n'a-
bandonne pas son bonheur, & où
les étrangers cherchent un azile.
C'est une nourrisse qui donne
son lait avec autant de plaisir
qu'on le reçoit. C'est une mère
qui chérit tous ses enfans, qui
ne les distingue qu'autant qu'ils
se distinguent eux-mêmes, qui
veut bien qu'il y ait de l'opu-
lence & de la médiocrité, mais
point de pauvres ; des grands
& des petits, mais personne d'op-
primé ; qui même dans ce par-
tage inégal, conserve une sorte
d'égalité, en ouvrant à tous le
chemin des premières places ;

qui ne fouffre aucun mal dans
fa famille, que ceux qu'elle ne
peut empêcher, la maladie &
la mort ; qui croiroit n'avoir rien
fait en donnant l'être à fes enfans, fi elle n'y ajoutoit le bien
être. C'eft une puiffance auffi
ancienne que la fociété, fon-
dée fur la nature & l'ordre ; une
puiffance fupérieure à toutes les
puiffances qu'elle établit dans
fon fein, *Archontes*, *Suffétes*,
Ephores, *Confuls* ou *Rois* ; une
puiffance qui foumet à fes loix
ceux qui commandent en fon
nom, comme ceux qui obéiffent.
C'eft une divinité qui n'accepte
des offrandes que pour les ré-
pandre, qui demande plus d'a-
mour que de refpect, plus d'at-
tachement que de crainte, qui
fourit en faifant du bien, & qui

foupire en lançant la foudre.

Telle eft la patrie. Un·mot,
fi beau, je le demande aux deux
régles vivantes de la langue,
à l'*Académie & à la Cour* : je
le demande encore à nos jeunes Auteurs qui aiment tant les
mots , un mot fi magnifique
doit-il être oublié ? doit-il être
profcrit ? Si nous vivions fous
le defpotifme oriental , où l'on
ne connoît d'autres loix que la
volonté du fouverain , d'autres
maximes que l'adoration de fes
caprices , d'autres principes du
gouvernement que la terreur :
où aucune fortune , aucune tête
n'eft en fûreté ; comme nous
n'aurions point de patrie , nous
ferions excufables d'en ignorer
le nom. Les Romains qui en
avoient une, vouloient y affocier

tous les peuples, en renverfant
tous les trônes de l'orient & de
l'occident. Lorfque les Grecs
vainquirent les Perfes à Sala-
mine, on entendoit d'un côté
la voix d'un maître impérieux,
qui chaffoit des efclaves au com-
bat ; & de l'autre le mot de *patrie* qui animoit des hommes libres. La Grèce commença à
l'oublier fous le joug de Philippe.
Rome qui l'avoit prononcé fi
fouvent & fi long-tems, l'oublia
tout-à-fait fous Tibère, & comment s'en feroit-elle fouvenue ?
On voyoit le brigandage uni
avec l'autorité , le manége &
l'intrigue difpofer de tout , toutes les richeffes dans les mains
d'un petit nombre , un luxe
exceffif infulter à l'extrême pau-
vreté, le laboureur ne regarder

son champ que comme un pré-
texte à la vexation , chaque citoyen réduit à oublier le bien
général , pour ne s'occuper que
du sien. Tous les principes du
gouvernement étoient corrompus , toutes les loix plioient
au gré du souverain. Plus de
force dans le sénat , plus de
sûreté pour les particuliers : des
sénateurs qui auroient voulu défendre la liberté publique , auroient risqué la leur. Ce n'étoit
plus qu'une tyrannie sourde exer-
cée à l'ombre des loix , & malheur à qui s'en appercevoit :
représenter ses craintes c'étoit
les redoubler. Tibère endormi
par les plaisirs dans son isle de
Caprée laissoit faire ; & Séjan ,
ministre bien digne d'un tel maître, fit tout ce qu'il falloit pour
anéantir la patrie.

Dans une position si triste, les Romains pouvoient-ils conser-ver un mot qui n'avoit plus d'ap-plication ? Mais nous qui nous vantons d'être heureux, nous qui nous préférons à des nations voi-sines , chez qui le mot *Patrie* est en si grand honneur, rétablis-sons ce mot qui est la véritable expression du bonheur, & qui justifiera cette préférence.

Ce rétablissement n'est pas un petit ouvrage. Ménage créa le mot *Vénusté* , qui expira sur ses lèvres. L'empereur Claude ne put pas venir à bout d'intro-duire une seule lettre dans l'Al-phabet. Les mots se persuadent, on ne les commande pas. Dans le zèle qui m'anime j'ai fait des épreuves sur des sujets de tous les ordres : citoyens , ai-je dit, pro-nonçons

nonçons le mot *Patrie*. L'homme du peuple a pleuré, le ma-
giftrat a froncé le fourcil en gar-
dant un morne filence, le mili-
taire a juré, le courtifan m'a
perfiflé, le financier m'a deman-
dé fi c'étoit le nom d'une nouvelle ferme. Pour les gens de
religion qui, comme Anaxago-
re, montrent le ciel du bout du
doigt quand on leur demande
où eft la patrie, il n'eft pas étonnant qu'ils n'en fêtent point fur
cette terre.

Voilà de grandes difficultés ;
mais elles ne font pas invinci-
bles, elles étoient plus grandes
lorfque Trajan monta fur le trô-
ne. Six tyrans également cruels,
prefque tous furieux, fouvent
imbécilles avoient anéanti le
mot *Patrie*, les regnes de Titus

B

& de Nerva furent trop courts pour le remettre en vogue. Trajan qui aimoit avec paſſion tous les mots qui expriment le contentement du cœur, tels que ceux de joie , de plaiſir, de bonheur , de reconnoiſſance , & ſurtout celui de *Patrie* , projetta de le rétablir. Voyons comment il s'y prit.

Il débuta par dire à Saburanus préfet du prétoire en lui donnant la marque de cette dignité, (c'étoit une épée.) *Prens ce fer pour l'employer à me défendre ſi je gouverne bien la Patrie , ou contre moi ſi je me conduis mal.* Il étoit ſûr de ſon fait. Il refuſa les ſommes que les nouveaux empereurs recevoient des villes , il diminua conſidérablement les impôts, il vendit une partie des maifons impériales au profit de l'Etat, il fit des largeffes à tous les pauvres citoyens, il empêcha les riches de s'enrichir à l'excès & ceux qu'il mit en charge, les quêfteurs, les préteurs, les proconfuls, ne virent qu'un feul moyen de s'y maintenir, s'occuper du bonheur des peuples. Il ramena l'abondance, l'ordre & la juftice dans les provinces & dans Rome, où fon palais étoit auffi ouvert au public que les temples, furtout à ceux qui venoient repréfenter les intérêts de la *Patrie*. Ce mot fi long-tems oublié rentra bientôt dans le commerce.

Mais quand on vit le maître du monde fe foumettre aux loix, rendre au fénat fa fplendeur & fon autorité, ne rien faire que de

concert avec lui ; ne regarder la
dignité impériale que comme
une fimple magiftrature compta-
ble envers la Patrie, enfin le bien
préfent prendre une confiftence
pour l'avenir, alors on ne fe
contînt plus fur le mot *Patrie*.
Les femmes fe félicitoient d'a-
voir donné des enfans à la patrie, les jeunes gens ne parloient
que de l'illuftrer, les vieillards
reprenoient des forces pour la
fervir : tous s'écrioient heureufe
patrie ! glorieux empereur ! tous
par acclamation donnérent au
meilleur des princes un titre qui
renfermoit tous les titres *Père de
la Patrie*.

Il n'en eft pas du mot *Patrie*,
comme des autres termes que
des grammairiens font paffer
dans le difcours. Pour donner

vogue à celui-ci il faut des grammairiens d'état : un chancelier de l'Hôpital, un Sulli, un cardinal d'Amboise ; tous ceux en un mot qui exercent l'autorité sous un bon maître y feroient plus que tous les arbitres de la langue.

Il y avoit chez les Grècs & les Romains des usages qui rappelloient sans cesse l'idée de la patrie avec le mot : des couronnes, des triomphés, des statues, des tombeaux, des oraisons funèbres, c'étoit autant de ressorts pour le patriotisme. Il y avoit encore des spectacles vraiement publics où tous les ordres rassemblés se délassoient, se réjouissoient en commun, des tribunes où la patrie par la bouche des orateurs consultoit avec ses enfans fur les moyens de les rendre heureux & glorieux.

· De tout cela nous n'avons retenu que les oraifons funèbres ; encore faut-il être né avec un très-grand nom , ou avoir occupé une très-grande place pour avoir des vertus après fa mort. Tous nos autres difcours ne roulent que fur des points de fcience ou d'hiftoire qui reftent fouvent auffi douteux après que le difcoureur a parlé. Cette éloquence ne feroit-elle pas mieux employée à remercier , à louer publiquement au nom de la patrie quiconque fe feroit diftingué dans les arts , dans le commerce , dans la guerre, dans la magiftrature , dans la politique ? L'orateur de la patrie en célébrant les grands talens , les gran-

des vertus formeroit des citoyens. Qu'on ne me vante point
un grand nom , il eſt très-petit
ſi celui qui le porte eſt inutile à
l'état.

Ce qui nous manque, c'eſt de
penſer en commun. Si dans une
nation on voyoit comme deux
nations , la premiere remplie de
richeſſes & d'orgueil , la ſeconde de miſères & de murmures ,
l'une ſe croyant heureuſe vis-à-
vis du malheur de l'autre ; ſi on
y voyoit deux partis s'attaquer ,
ſe pourſuivre ſans ceſſe avec le
flambeau de la religion , on n'y
entendroit pas le mot *Patrie.*
Nous ne le rappellerons qu'en
ramenant ſans ceſſe les citoyens
du bien particulier au bien général , de leurs maiſons à la patrie , on ne ſçauroit même s'y

prendre trop tôt. On a grand
foin dans les écoles publiques de
parler aux enfans de Dieu & du
Roi : mais on ne leur dit pas que
Dieu eſt le créateur de la patrie
& que le roi en eſt le père. Pourquoi ne pas inculquer à ce jeune
homme qui prend l'épée *pour
faire ſon chemin* , qu'il fera
quelque choſe de mieux , *le bien
public* , & à cet autre qu'on éle-
ve pour juger les citoyens, que la
patrie le jugera. Si dans ces maifons où l'on forme des miniſtres
pour la religion , on leur diſoit
qu'ils ſont à la patrie avant que
d'être aux autels, penſe-t-on que
les autels en feroient moins bien
fervis ? Il faudroit même inſtruire , fortifier ce fèxe qui ne fe
croit fait que pour plaire:les femmes Spartiates vouloient plaire

auffi, mais elles comptoient
fraper plus fûrement au but en
mêlant le zèle de la patrie avec
les grâces : *va mon fils*, difoit
l'une *arme toi & ne revien qu'avec
ton bouclier ou fur ton bouclier* ,
c'eft - à - dire , vainqueur ou
mort. *Confole - toi*, difoit un
autre au fien, *de la jambe que tu
as perdue , tu ne feras pas un pas
qui ne te faffe fouvenir que tu as
défendu la Patrie* ; & après la
bataille de Leuctres toutes les
mères de ceux qui avoient péri
en combattant fe félicitoient
mutuellement tandis que les autres pleuroient fur leurs fils qui
revenoient vaincus ; elles fe van-
toient de faire des hommes ,
pourquoi ? parce que dans le ber-
ceau même elles leur montroient
la patrie comme leur premiere

mère. Si on veut avoir des citoyens aucun mot ne doit être
plus souvent répété aux enfans
que celui de patrie.

Mais ce ne seroit pas assez de
le rétablir, il faut en connoître
l'usage. Brutus l'employa pour
chasser les tyrans, Valerius pu-
blicola pour rendre le sénat plus
populaire, Menenius Agrippa
pour ramener le peuple du mont
sacré dans le sein de la république, Véturie, (car les femmes
à Rome comme à Sparte étoient
citoyennes) Véturie pour désar-
mer Coriolan son fils, Manlius,
Camille, Scipion, Pompée pour
vaincre les ennemis du nom
Romain. Les deux Catons pour
conserver les loix & les anciennes mœurs. Cicéron pour
effrayer Antoine & foudroyer
Catilina.

Les Grècs avant les Romains
l'avoient employé pour leur bonheur & pour leur gloire. Solon,
Miltiade, Themiſtocle , Ariſtide
le faiſoient retentir dans toutes
les grandes occaſions. Quand
Démoſthène parloit de la patrie
Athènes étoit toute oreilles. C'é-
toit le grand mot de tous les
grands hommes dans l'une &
l'autre république.

On eut dit que ce mot renfermoit une vertu ſecrète , non-
ſeulement pour rendre vaillans
les plus timides ſelon l'expreſſion
de Lucien , mais encore pour
enfanter des heros dans tous les
genres pour opérer toutes ſortes
de prodiges. Diſons mieux , il y
avoit dans ces ames Grècques
& Romaines des vertus qui les
rendoient ſenſibles à la valeur

du mot. Je ne parle pas de ces petites vertus, qui nous attirent des louanges à peu de frais dans nos sociétés particulières, j'entens ces qualités citoyennes, cette vigueur de l'ame qui nous fait faire & souffrir de grandes chofes pour le bien public. Fabius eſt raillé, méprifé, infulté par fon collégue & par fon armée, n'importe, il ne change rien dans fon plan, il temporife encore, & il vient à bout de réprimer Annibal. Thémiſtocle dans un confeil de guerre voit la canne d'Eurybiade levée fur lui, il ne fe venge que par ces trois mots, *frappe*, *mais écoute*. Ariſtide, après avoir difpofé longtems des forces & des finances d'Athènes, ne laiffe pas de quoi fe faire enterrer. Régulus

pour conferver un avantage à
Rome difluade l'échange des
prifonniers , prifonnier lui-même, & il retourne à Carthage où
les fupplices l'attendent. Les
deux Gracques, après avoir tout
facrifié au bonheur du peuple ,
lui donnent leur tête pour der-
nier préfent. Trois Décius figna-
lent leur confulat en fe dévouant
à une mort certaine. Tant que
nous regarderons ces généreux
citoyens comme d'illuftres fous,
& leurs actions comme des vertus de théâtre , la patrie fera
mal placée dans nos bouches.

Jamais peut-être on n'en-
tendit ce beau mot avec plus
de refpect , plus d'amour , plus
de fruit qu'au tems de Fabri-
cius. Chacun fçait ce qu'il dit
à Pyrrhus : *Gardez votre or &*

vos honneurs ,, nous autres Ro-
mains nous fommes tous riches ,
parce que la patrie l'eſt pour nous :
nous fommes tous grands , parce
que la patrie, pour nous élever aux
grandes places , ne nous demande
que du mérite. Mais chacun ne
fçait pas que mille autres l'auroient dit. Ce ton patriotique
étoit le ton général dans une
ville où tous les ordres étoient
vertueux ; voilà pourquoi la ville
parut à Cyneas, l'ambaſſadeur de
Pyrrhus , comme un temple, &
le fénat une affemblée de rois.

Les chofes changèrent bien
avec les mœurs vers la fin de
la république. On ne connut
plus le mot *Patrie* que pour l'a-
néantir , ou pour le profaner.
Catilina & fes furieux compli-
ces deftinoient à la mort qui-

conque le prononçoit encore en
Romain : Craffus & Céfar ne
s'en fervoient que pour voiler
leur ambition , & pour féduire ;
& lorfque dans la fuite ce même
Céfar , en paffant le Rubicon ,
dit à fes foldats qu'il alloit venger
les injures de la patrie , il abu-
foit évidemment du mot.

Ce n'étoit pas en foupant
comme Craffus , en bâtiffant
comme Lucullus , en fe profti-
tuant à la débauche comme Clo-
dius , en pillant les provinces
comme Verrès , en formant
des projets de tyrannie comme
Céfar , en flattant Céfar comme
Antoine , qu'on apprenoit à aimer la patrie.

Un Mylord auffi connu par
les lettres que par les négocia-
tions , a écrit quelque part que

dans son pays l'hospitalité s'est changée en luxe, le plaisir en débauche, les seigneurs en courtisans, les bourgeois en petits maîtres. S'il en est ainsi, j'annonce à ce pays, què bien-tôt on n'y entendra plus la voix de la patrie. Des citoyens corrompus font toujours prêts à la déchirer.

La patrie ressemble à une étoffe : (je demande pardon au monde poli de la comparaison, qui auroit peut-être passé dans les beaux jours d'Athènes) la patrie, dis-je, ressemble à une grande piéce d'étoffe assez grande pour couvrir tout un peuple. Les petites tailles composent la foule modeste : mais viennent des géants avec de grands noms, de grands titres, de

grandes prétentions se jetter sur
l'étoffe, & ils en emportent des
morceaux beaucoup plus grands
que leurs besoins, tandis que
la multitude reste nue exposée
à toutes les injures de l'air. Est-
ce-là ce que promettoit la patrie ?

Je n'irai pas dire aux grands,
aux puissans de la nation que
nous sommes tous frères : cette
grossièreté évangélique n'est placée que dans la chaire ; mais
je leur dirai que s'ils peuvent
rire tandis que les autres pleu-
rent , que si les forts ne por-
tent pas les foibles, le mot *Patrie* devient nul. Ames frivo-
les , ames basses , caractères
durs, naturels avides, injustes,
violens ; vous sur-tout qui abu-
sés de l'autorité, ne vous avisez

pas de le prononcer ; cette expreffion n'eft pas faite pour vous.

Il eft deux ordres qui paroiffent en connoître l'ufage , les dépofitaires des loix , & les gens de lettres. Mais dans les premiers cette connoiffance reftera fans effet , fi le juge n'eft pas auffi fage ; & dans bien des cas, plus humain que la loi qui n'a pas tout prévû : j'avertis encore les feconds qu'ils doivent s'occuper bien plus à donner des mœurs à leur patrie , comme firent Socrate , Platon , Pythagore , Epictete & Senèque ; qu'à des fpéculations de bel efprit. On fent en lifant *l'Efprit des Loix* , que l'auteur eft animé de ce feu patriotique qui échauffa Rome & Athènes.

Faudra-t-il toujours recourir

aux Grecs & aux Romains pour trouver des modéles ? Ayons l'ame auſſi belle , auſſi noble , auſſi grande , auſſi fière , le cœur auſſi plein des droits du genre humain , & le mot *Patrie* fera fur nous la même impreſſion qu'il faiſoit fur eux.

La Terre que nous habitons égale l'Italie & furpaſſe la Grèce : des campagnes fertiles, un peuple laborieux , un ciel favorable , des fleuves & des mers , un commerce étendu , tous les arts utiles & agréables. Que de biens au - delà de nos beſoins ! Que cherchons-nous pour dire que nous avons une patrie ? Les Suiſſes au milieu de leurs rochers fe vantent d'en avoir une. Si on a la choſe , pourquoi ne pas avoir le mot ?

DISSERTATION

sur la nature du peuple.

J'Ai crû jufqu'à ce jour que le peuple avoit part à la nature humaine. La réflexion donne des doutes, & ce que je regardois comme une vérité inconteftable devient un problême à réfoudre. Mais avant que de traiter la queftion, prenons le peuple où il eft. Le peuple fut autrefois la partie la plus utile, la plus vertueufe ; & par conféquent, la plus refpectable de la nation. Il étoit compofé de cultivateurs, d'artifans, de négocians, de financiers, de gens de lettres, & de

gens de loix. Les gens de loix
ont crû qu'il y avoit bien autant de gloire à rendre la juſtice
aux hommes , qu'à les tuer , &
ils ſe ſont annoblis ſans le ſe-
cours de l'épée. Les gens de
lettres , à l'exemple d'Horace ,
ont regardé le peuple comme
profane , & ils lui ont tourné
le dos. Les financiers ont pris
un vol ſi élevé, qu'ils ſe font vio-
lence pour n'être qu'au niveau
des grands. Il n'y a plus moyen
de confondre les négocians avec
le peuple , depuis qu'ils rougiſ-
ſent de leur état , & qu'ils en ſor-
tent , même avant que d'en ſor-
tir. Il ne reſte donc dans la maſſe
du peuple que les cultivateurs ,
les domeſtiques & les artiſans ;
encore ne ſçais-je ſi on doit y
laiſſer cette eſpéce d'artiſans

maniérés, qui travaillent le luxe :
des mains qui peignent divine-
ment une voiture , qui mon-
tent un diamant au parfait, qui
ajuſtent une mode ſupérieure-
ment , ne reſſemblent plus aux
mains du peuple. Le peuple ainſi
réduit ne laiſſe pas d'être encore la partie la plus nombreuſe,
peut-être même la plus néceſ-
ſaire de la nation ; & ſous ce
double point de vûe, il vaut bien
la peine qu'on diſcute ſa nature.
Eſt-il compoſé d'hommes ?

Tous les philoſophes convien-
nent que le caractère qui di-
ſtingue l'homme de la bête, c'eſt
la raiſon. Guidé par ce principe,
je contemple le peuple , & j'exa-
mine d'abord ſa façon d'exiſter.
Il habite ſous le chaume, ou dans
quelque réduit que nos villes

lui abandonnent, parce qu'on a
befoin de fa force. Il fe leve
avec le foleil , & fans regarder
la fortune qui rit au deffus de
lui , il prend fon habit de toutes les faifons , il laboure nos
terres , il cultive nos jardins ,
il fouille nos mines & nos car-
rières , il deffeche nos marais ,
il nettoye nos rues , il bâtit nos
maifons , & fabrique nos meu-
bles. La faim arrive , tout lui
eft bon. Le jour finit , il fe cou-
che durement dans les bras de
la fatigue. Tels les animaux que
nous avons civilifés , le bœuf
& le cheval fe livrent à tous
les travaux que nous leur im-
pofons, fans nous demander autre chofe que la nourriture &
le couvert. Eft-ce-là de la raï-
fon ?

Paffons par deffus la bourgeoi-
fie où elle ne fait que naître,
& obfervons-là fur ce théâtre
de gloire où fes traits font plus
marqués. Elle fe loge fous de
riches platfonds. Elle appelle
l'or & la foie pour filer fes vê-
temens. Elle refpire des parfums,
elle cherche l'appétit dans les
ragoûts ; & le repos fuccé-
dant à l'oifiveté, elle s'endort
fur le duvet. L'inftinct ne connoît que le néceffaire. La raifon s'attache au fuperflu, elle
calcule tous les dégrés de confidération qui peuvent en fortir.
Tant d'un habit de goût, tant
d'un meuble élégant, tant d'un
équipage lefte. Rien ne lui
échappe, ni les fleurs d'Italie,
ni les fapajoux de l'Amérique,
ni les figures Chinoifes, & par
les

les infiniment petits elle va au grand.

L'inftinct fe reffemble toujours. Il y a bien des fiécles que
le ver à foie tiffe, & que le
caftor bâtit. Le peuple dans fes
atteliers fait aujourd'hui ce qu'il
faifoit hier. La raifon a une autre marche : voyez cet homme
qui en a pour quatre, & de la
fortune pour cent, comme il
varie fes occupations ! Il réforme
un vernis, il perfectionne un
luftre, il invente une mode,
il reçoit l'encens d'un auteur,
il forme une actrice, il arrange
une fête, il repréfente à table.
Tantôt il paffe en revûe fa li-
vrée, tantôt il donne de nouveaux noms à fes voitures. Aujourd'hui il fe livre à un cocher fougueux pour effrayer les

C

paſſans , demain il ſera cocher lui-même pour les faire rire.

Le peuple eſt voué à l'in-ſtinct juſques dans ſes intérêts les plus chers. Lucas épouſe Co-lette parce qu'il l'aime ; s'il avoit de la raiſon , il préféreroit Ma-turine , qui lui apporteroit une piéce de terre plus grande. Co-lette donne ſon lait à ſes en-fans , ſi elle connoiſſoit le prix de la fraîcheur & du repos , elle ſe contenteroit d'être mère. Ils grandiſſent , & Lucas en ouvrant la terre devant eux leur apprend à la cultiver ; un peu de réflexion ſur les miſères de cet état , & il leur diroit : *Mes enfans , faites toute autre choſe.* Ce père automate meurt , & il leur laiſſe ſon champ à pat-tager également ; avec des lu-

mières il l'eût laissé tout entier
à l'aîné.

Plus j'approfondis, moins j'apperçois de raison dans le peuple.
A-t-il des vertus? Je n'ai point
encore lû de panégyrique d'un
laboureur, comme on n'en fait
point du bœuf, qui a tracé des
sillons avec lui. Mais quoi! le
peuple ne montre-t-il pas de
la patience? Il souffre la faim,
le chaud, le froid, la hauteur
des grands, l'insolence des riches, le brigandage des traitans, le pillage des commis,
le ravage même des bêtes fauves, qu'il n'ose écarter de ses
moissons par respect pour les
plaisirs des puissans. Il est très-patient, je l'avoue, pourvû qu'on
m'accorde, que la patience est
la vertu des animaux les plus

lourds. Le peuple peut avoir
des qualités : mais ſi quelqu'un
s'obſtinoit à lui attribuer des vertus , qu'il convienne du moins
que ce ne ſont pas des vertus
réfléchies , les ſeules qui prou-
vent la raiſon. Si le peuple eſt
ſobre , juſte , fidéle, religieux ;
il eſt tout cela ſans faire atten-
tion à ce qui lui en reviendra.
Ce n'eſt pas ainſi que s'arrangent ceux qui ſont vertueux avec
connoiſſance de cauſe. On exa-
mine bien ſérieuſement ce qu'on
fera de ſa tempérance , de ſa
juſtice , de ſa fidélité , de ſa
religion. Ces vertus ſemées dans
un bon tems rapporteront-elles
un gouvernement ou une mi-
tre ? Chacun ſçait que dans les
dernières années du regne de
Louis XIV. toute la cour étoit

dévote. L'auteur d'un très-bon
livre fur le Commerce demande,
pourquoi il n'y a point de prix
pour un laboureur qui a cultivé
plus d'arpens , pour un manu-
facturier qui a fabriqué une meil-
leure étoffe ? La réponfe eft fa-
cile ; c'eft que le peuple n'eft
pas plus fufceptible d'émulation
que les animaux ; Caligula en
faifant fon cheval conful ne le
rendît pas meilleur. La politique fçait bien ce qu'elle fait.

Si la nature humaine ne fe
montre pas dans les qualités du
peuple , elle paroît encore bien
moins dans fes vices, au lieu que
les vices des honnêtes gens por-
tent une empreinte de raifon,qui
décéle des hommes. Un artifan
eft-il fâché contre fa femme ? il
la bat, & continue de vivre avec

elle , c'eſt un cerf qui maltraite
ſa biche , & la méne au ga-
gnage : mais *Monſieur* eſt-il mé-
content de *Madame* ? il la con-
duit décemment à une ſépara-
tion en bonne juſtice. Un cocher,
comme un ſanglier qui donne
à la vigne, s'enivre d'un vin dur
qui ſent encore le preſſoir : ſon
maître laiſſe repoſer ſa raiſon
dans des vins délicieux & des
liqueurs divines, il a commenté
le roman du jour , il a perſiflé
dans pluſieurs cercles, il a décidé
dans trois moitiés de ſpectacle :
On ne ſçauroit toujours penſer.
Un voleur du peuple ſemblable
à un tigre qui cherche ſa proie ,
vous demande bruſquement la
bourſe , & on le voit bien-tôt
à la Grève : un honnête homme
ſçait bien qu'il faut avoir un

titre, un emploi ou une charge
pour voler , & il fait bonne figure. Attaquez un individu du
peuple , il fe jette brutalement
fur vous avec les armes de la
nature , comme un lion bleffé
qui fe fert de fes dents & de
fes griffes : un être qui penfe ,
l'épée à la main , vous tue dans
toutes les régles de l'art & de
l'honneur.

Ces réflexions & beaucoup
d'autres femblables ébranlent
ma foi à l'humanité du peuple :
mais une nouvelle confidération
me fait prefque rougir d'y avoir
crû. La plus belle , la plus noble partie de l'état , celle qui
réunit l'efprit aux richeffes &
à la grandeur n'y croit pas :
qui fuis-je pour contredire ? Son
jugement eft écrit dans fes pro-

cédés avec le peuple. On a des
porteurs comme on a des mulets. Le fouet est toujours levé
sur un animal rétif : quel est le
galant homme qui n'employe
pas sa canne sur un faquin, lorsque l'occasion le demande? Un
seigneur élégant pousse devant
son carosse un coureur & un
chien. Dans une chasse il paroît assez égal de crever un cheval ou un piqueur ; & après une
bataille on ne nomme pas plus
les soldats tués que les chevaux
morts. Tous ces faits ne me présentent que des animaux déguisés en hommes.

Les choses vont si loin, que
le peuple lui-même questionne
sur son état : *Sommes-nous des
bêtes ?* C'est un propos qu'on
entend assez souvent dans les tra-

vaux publics : *Sommes-nous des bêtes ?* Peuple ! cela fe pourroit. Charge-toi avec la bête de fomme, remue la terre avec les animaux, & contentez-vous tous, fi on ne vous laiffe pas périr de misère : voilà tout ce que la politique vous doit, & la philofophie vous met au même rang : qu'on exhorte un philofophe de la Cour ou du Parnaffe à croire à nos myftères, quelle réponfe en tire-t-on ? *Comptez vos fables au peuple*, cela veut dire, à des êtres qui n'ont que la figure humaine.

Cette figure humaine qu'on apperçoit dans le peuple embarraffe un peu. Mais doit-on fe fier aux apparences? Newton a découvert que l'écarlate n'eft pas rouge, Malebranche & Ber-

cley que nous vivons dans un
monde d'illufions , ou il n'y a
point de corps ; & fans fortir de
notre fujet , dira-t-on que ces
hommes fauvages de l'ifle Bor-
neo (*a*), que ces hommes ma-
rins qu'on a vus à la Virginie ,
& à la hauteur de Breft (*b*) ,
que ces *Satyres* qui étonnèrent
les habitans du défert & la ville
d'Alexandrie, au rapport de deux
grands Saints (*c*). Croira-t-on
que ces phénomenes animaux ,
parce qu'ils portoient la figure
humaine, étoient de vrais hommes ?

Il eft difficile de réfifter à
tant de raifons contre l'humanité

───────────────────

(*a*) Mém. de Trevoux 1701. pag. 184.
(*b*) Journ. des Sçavans 1676. pag. 351.
(*c*) Mém. de Trevoux 1715. pag. 1902.

du peuple. Cependant j'entreprens de la démontrer, à cause de ma nourrice qui m'a donné un bon lait, & en faveur d'un vieux domestique qui a quelquefois eu raison avec moi.

Je tire ma première preuve de l'anatomie. Un très-habile anatomiste a disséqué la tête d'un laboureur qui s'étoit fait pendre : parce que depuis plusieurs années, après avoir payé le Roi, il ne lui restoit rien pour vivre. Le dissecteur a d'abord trouvé le cervelet, les sucs, les fibres, les nerfs, & tous les instrumens organiques qui travaillent la raison, bien disposés & en bon état. Il a poussé ses recherches jusqu'au siége de l'ame à la glande pinéale, c'est-là que se peignent les idées, comme les figures se représentent sur la toile : l'œil n'auroit pas suffi au spéculateur , le microscope qui découvrit à Lewenhoeck des germes humains, a suppléé ; & il a vû des idées liées , réfléchies & conséquentes, des chardons arrachés , des sillons tracés , du bled jetté dedans , une moisson coupée , un fléau , un van , un grenier , & des observations sur toutes les saisons. Mais , chose bien singulière ! en ouvrant une autre tête , une tête de distinction , il n'y a découvert que des perceptions vagues & décousues , des prétentions sans mérite , de la hauteur mêlée de bassesse , des songes d'amitié & d'amour , des visions de grandeur , des chimères généalogiques. Le pro-

priétaire de cette tête étoit mort
l'épée à la main, pour avoir entendu de travers une phrase qui
ne fignifioit rien.

Si on pouvoit répéter cette
expérience de maifon en maifon,
je m'en tiendrois à cette preuve;
mais fçachons ce que pensèrent
fur cette matière les Grecs & les
Romains, qui fe connoiffoient
fi bien en hommes. Ils appel-
loient le peuple à toutes les affemblées qui demandoient de
la raifon, aux élections des premiers magiftats & des généraux,
aux jugemens des illuftres ac-
cufés, aux décrets de profcrip-
tion ou de rriomphe, aux ré-
glemens des impôts, à la déci-
fion de la paix ou de la guerre,
enfin à toutes les difcuffions
fur les grands intérêts de la pa-

trie. Demofthene & Ciceron, en haranguant le peuple, croyoient parler à des hommes : nous ririons fi on difoit *la majefté du peuple François* , accordons-lui du moins la raifon ; Rome & Athènes lui donnoient même de la finefle , il entroit à milliers dans ces vaftes théâtres , dont les nôtres ne font que des images maigres & retrécies ; & on le croyoit capable d'applaudir ou de fiffler Sophocles, Ariftophane , Plaute & Terence.

On dira peut-être que cette antiquité étoit trop groffière pour juger la queftion. Eh bien! confultons les gouvernemens modernes. A la Chine des vifiteurs impériaux parcourent les provinces , en queftionnant le peuple pour fçavoir fi on conti-

nuera les mandarins , ou si on
les punira ; & l'empereur qui
est excessivement grand se met
au niveau du peuple , en la-
bourant une piéce de terre le len-
demain de son couronnement.
On voit dans les diétes d'Allemagne , non-seulement le col-
lège des électeurs & celui de
princes , on y entend encore le
peuple des villes libres, qui parle
par ses représentans. La Suéde
dans ses assemblées nationales
compte l'ordre des paysans. On
connoît le pouvoir de la chambre
des Communes en Angleterre.
Je laisse à part la Hollande &
la Suisse , l'esprit tout populaire
qu'on y trouve , nous paroîtroit
suspect dans la question présente.
Seroit-il possible que tant de
nations ouvrissent au peuple la

porte du gouvernement , fans lui fuppofer la nature humaine ? Mais nos pères eux-mêmes jufqu'à Louis XIII. n'ont-ils pas crû que le peuple pouvoit occuper une place dans les états généraux ? Et nos parlemens , ces corps fi raifonnables , ne faifoient qu'une raifon de celle du peuple & de la leur.

Cependant il fe peut fort bien que le peuple François ne foit plus propre à figurer dans le gouvernement. N'y a-t-il donc que les Confeils d'état où la raifon fe montre ? Elle agit auffi dans l'intérieur des familles ; c'eft-là que des membres du peuple gouvernent affez fouvent les maîtres qu'ils fervent. Un homme en place eft-il d'un accès difficile ? Faut-il fe morfondre

des mois entiers à fa porte pour
une audience ? Un valet qu'on
intéreffe donne du mouvement à
l'affaire, elle fe termine. Une Lu-
crece élevée dans Saint Cyr, jure
encore après le mariage de n'aimer que fon mari , fa femme
de chambre parie contre , elle
répond à toutes les objeétions ,
elle leve tous les fcrupules, elle
applanit toutes les difficultés :
quelle force de raifon n'a-t-il
pas fallu pour vaincre tant de
vertu !

Si tous les domeftiques ne
font pas capables de prendre cet
afcendant fur leurs maîtres , il
eft du moins de notoriété qu'ils
font doués d'un difcernement
admirable pour en faire le por-
trait. Qu'on me charge , pour le
bien public , d'afficher fur les

maifons le caractère des perfon-
nes qui les habitent, je n'écri-
rai *avare*, *généreux*, *doux*, *em-*
porté, *prude*, *coquette*, qu'après
avoir confulté les antich   res.
Peut-être encore fer   propos de rétablir la f   des Sa-
turnales, afin que les citoyens
puffent apprendre une fois par
an, par la bouche des valets, à
fe connoître eux-mêmes. Ce pin-
ceau qui peint durement, mais
avec vérité, prouve affurément
de la raifon dans le peuple.

C'eft encore le peuple qui
fournit des actrices au théâtre.
Oublions les talens qu'elles y
exercent, voyons-les dévelop-
per leur raifon dans la fociété:
elles perfuadent au financier de
placer fur elles en perdant in-
térêt & principal; au grand, que

des cœurs achetés par air , va-
lent mieux que ceux qui se donnent par le mariage : la raison
même d'un ministre ne tient pas
contre la leur. Qu'on doute après
cela de la raison du peuple.

Il n'est pas rare qu'une nation qui a beaucoup d'esprit ,
tombe en contradiction avec el-
le-même , le cas n'est pas si fré-
quent parmi celles qui n'ont que
du bon sens. Nous refusons la raison au peuple , & nos loix le
punissent : les prisons , les tor-
tures , les gibets , les roues sont
à son usage , on ne condamne
pourtant pas à mort le taureau
qui a éventré le bouvier. Je dis
plus , à juger de la raison par
les punitions , il faut que le peuple soit plus raisonnable que les
honnêtes gens : un malheureux

dont les enfans n'ont pas de pain, fait un petit commerce prohibé, il eſt pris & puni ; un gentil-homme dans ſa chaiſe de poſte ſe trouve garni de la même mar-chandiſe, il tue le commis, & ſe tire d'affaire. Gregoire chaud de vin querelle, jure, s'arme du broc qu'il a vuidé, & aſſomme ſon compagnon de débauche, la corde en fait juſtice : deux hom-mes d'honneur arrangent une rencontre, l'un reſte ſur le champ de bataille , l'autre continue à s'avancer dans le ſervice. Ne croyons pas ce que diſent quel-ques eſprits chagrins, que la for-tune & le nom rendent blanc ce qui eſt noir ; la juſtice eſt juſte : mais elle conſidére avec les caſuiſtes qui ne ſe trompent jamais, que les gens bien nés

ne peuvent fe porter au crime ,
fans quelque renverfement dans
les idées , quelque délire , quelque aliénation d'efprit ; en un
mot , la loi les voit toujours dans
le cas des enfans , qui n'ont pas
affez de raifon pour fe faire pendre ; au lieu que le peuple en a
toujours de refte.

Enfin il eft aifé de faire certai-
nes remarques qui tranchent la
queftion. Je ne fuis pas affez
groffier pour dire , en voyant un
bel arbre généalogique , pourquoi nous cachez-vous la fou-
che ? Il feroit fâcheux pour un
duc & pair de devoir fon pre-
mier luftre à un foldat coura-
geux. Ne voyons que le préfent ou un avenir prochain :
quoi de plus peuple que ce ru-
ftre , qui paffe de fon hameau

dans une antichambre ? Laiſſez faire le tems ; ſon fils ſera écuyer dans le même hôtel ou ſecrétaire du Roi : ce qui n'étoit pas homme peut-il produire un homme ? Que ſeroit-ce ſi le ruſtre lui-même , bruſquant la fortune par la porte de la finance , du derrière du caroſſe paſſoit dedans ? Le voilà bien décidé *homme* ; ſa nature auroit-elle changé ? Le ſinge eſt toujours ſinge , & l'homme toujours homme. Le peuple eſt donc compoſé d'hommes. Mais il eſt à propos qu'il l'ignore toujours , & je ne le dis qu'aux riches , aux grands & aux miniſtres , qui pourront comme auparavant abuſer de l'ignorance du peuple.

FIN.

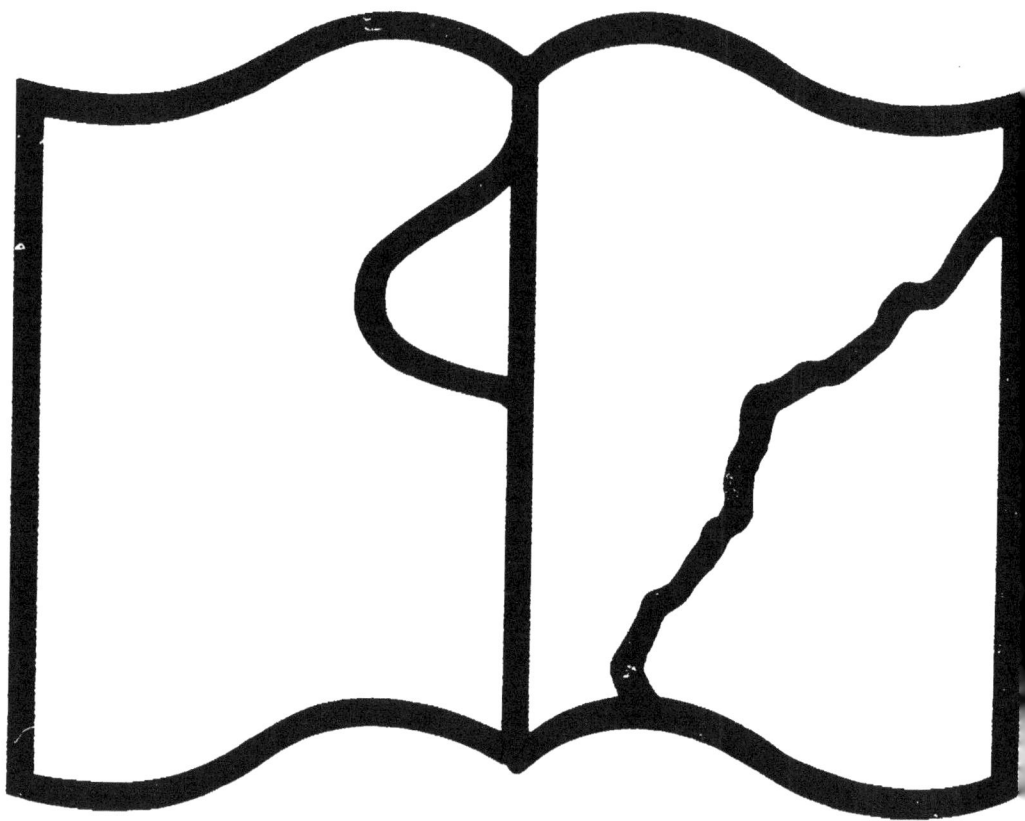

Texte détérioré — reliure défectueuse

NF Z 43-120-11

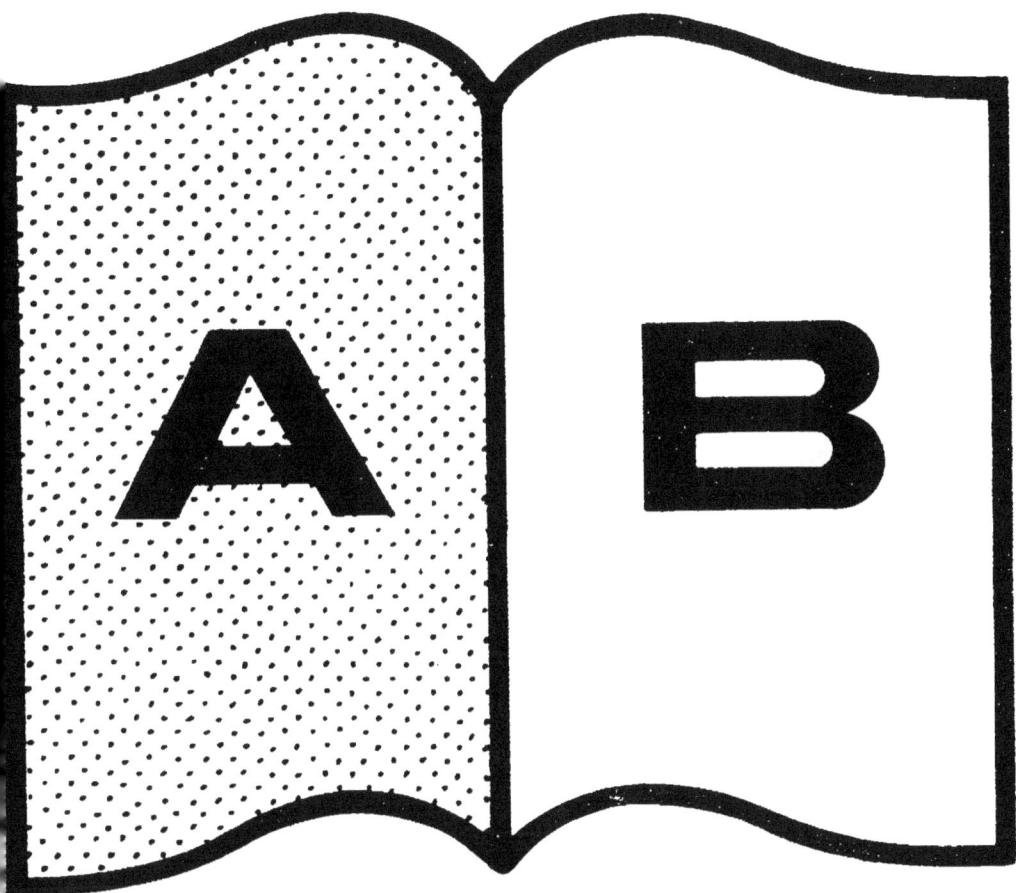

Contraste insuffisant

NF Z 43-120-14

www.ingramcontent.com/pod-product-compliance
Lightning Source LLC
Chambersburg PA
CBHW070929280326
41934CB00009B/1797